AU JAPON

MES PREMIÈRES ANNÉES

SOUVENIRS & IMPRESSIONS

PAR

LE FRÈRE IGNACE

TRAPPISTE

DE NOTRE-DAME-DU-PHARE

HOKKAIDO

Prix : 50 CENTIMES

ALENÇON

IMPRIMERIE ALENÇONNAISE, 11, RUE DES MARCHERIES

1907

Mes Premières Années

SOUVENIRS ET IMPRESSIONS

AU JAPON

MES PREMIÈRES ANNÉES

SOUVENIRS & IMPRESSIONS

PAR

Le Frère IGNACE

TRAPPISTE

DE NOTRE-DAME-DU-PHARE

HOKKAIDO

ALENÇON

IMPRIMERIE ALENÇONNAISE, 11, RUE DES MARCHERIES

1907

PREMIÈRE PARTIE

PREMIÈRE LETTRE

A TRAVERS LE JAPON. — PÉRIPÉTIES DIVERSES. — NAGAKI. — KOBÉ. — YOKOHAMA. — TOKIO, CAPITALE DE L'EMPIRE. — EN ROUTE VERS LA SOLITUDE. — SENDAI. — AMORI. — HAKODATE. — ADIEU AUX TRAPPISTINES. — ARRIVÉE A NOTRE-DAME DU PHARE. — RÉCEPTION CORDIALE DE NOS NOUVEAUX ET BIEN-AIMÉS CONFRÈRES. — PRIÈRE A MARIE, NOTRE PROTECTRICE.

18 Février-28 Février 1902.

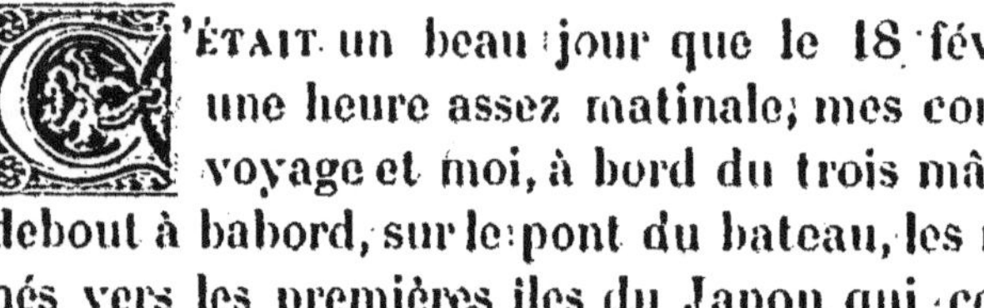

C'ÉTAIT un beau jour que le 18 février 1902; à une heure assez matinale, mes compagnons de voyage et moi, à bord du trois mâts le *Sydney*, debout à babord, sur le pont du bateau, les regards tournés vers les premières îles du Japon qui commençaient à poindre dans le lointain horizon, nous récitions en chœur et tout tremblants d'émotion quelques prières, quelques pieuses invocations. Pour ma part, je l'avoue, mon cœur battait de bonheur et de joie.

Le soleil gravitait dans un ciel sans nuage, une mer calme, des oiseaux aux couleurs variées qui voltigeaient ici et là en gazouillant, tout semblait nous convier à une fête.

Quelques instants plus tard, les Trappistines, nos compagnes à bord, venaient nous rejoindre et s'unir à nous pour remercier Dieu de la grâce qu'il allait nous octroyer en nous faisant aborder après bien des péripéties sains et saufs sur cette terre arrosée du sang des martyrs.

Jamais je ne pourrai dire de quelles délices mon âme était inondée, lorsque passant devant les iles Goto nous pûmes admirer ce paysage si favorisé de beautés par le Créateur.

O nature privilégiée ! tes vallées et tes montagnes, tes cascades et tes forêts séculaires, ton verdoyant et éternel printemps ravissent l'œil du voyageur et, loin de la patrie absente, on tombe à genoux, le front dans la poussière, on entonne l'hymne de la reconnaissance.

Ce qui nous reste de route à faire ne sera plus désormais qu'une promenade ou plutôt un pèlerinage, car nous allons traverser la patrie des martyrs, les lieux sanctifiés par la vie et la mort de courageux athlètes du Christ, qui ont supporté avec tant de vaillance des supplices que la barbarie rafinée de Néron et de Dioclétien n'a pu inventer dans la primitive Eglise. Quels tourments affreux n'endurèrent pas les martyrs du Japon ? On dépouillait un chrétien de ses vêtements, on versait lentement sur son corps de l'eau bouillante : bientôt les chairs s'entr'ouvraient, se corrompaient, le martyr devenait tout vivant la pâture des vers ; et cet horrible supplice durait quelquefois un mois entier. On arrachait à un autre les ongles des pieds et des mains, on lui enlevait la chair de tous les membres avec de longues chaines de fer ; et ce tourment ne finissait qu'avec la vie. Le récit de ces tortures ne fait-il pas frémir ?

Au milieu des ilots sans nombre que nous côtoyons, avant de poser le pied sur ce sol béni, saluons ce champ de bataille, témoin, il est vrai, de la cruauté des persecuteurs, mais aussi de la bravoure et de la victoire des Elus de Dieu. Ecoutons l'histoire nous faire en quelques lignes le récit de ce drame, digne des âges apostoliques : « Au temps de saint François-Xavier, l'apôtre de ce pays, l'Eglise du Japon comptait deux millions de fidèles ; mais bientôt une horrible persécution éclata et cette belle chrétienté s'abima tout entière dans le sang de ses prêtres et de ses enfants. Plus d'un millier de missionnaires Jésuites, Augustins, Franciscains, Dominicains donnèrent généreusement leur vie dans des tortures inouies ; après les pasteurs vint le troupeau : près de cent mille martyrs indigènes ; la rage des bourreaux, l'intrépidité des victimes, quel spectacle ! L'infâme complicité de l'Europe protestante livra à la fureur des suppôts de Satan les derniers débris de cette illustre Eglise... Attendons les révélations de l'avenir ; elle dort au tombeau depuis trois siècles ; trois jours au cadran de l'éternité..... »

Assez tôt dans l'après-midi nous arrivons en rade à Nagasaké. Trois isha (médecin) viennent à bord faire la visite des passagers. Lorsque ces messieurs ont terminé leur revue, nous descendons à terre : nous nous rendons à l'évêché ; le père procureur nous introduit dans une salle, et s'en va avertir Monseigneur Cousin, évêque du lieu. Bientôt après nous sommes en face d'un vénérable vieillard aux cheveux gris, une longue barbe blanche couvre sa poitrine. Sa Grandeur nous fait le plus cordial accueil. Après un moment d'entretien, nous allons visiter la cathédrale : le père procureur sert de mentor. Il nous fait remarquer la place où priait le futur vicaire apostolique du Japon, le R. P. Petit-Jean (17 mars 1865) lorsque agenouillé aux pieds de l'autel et dans un recueillement inaccoutumé, quelques pauvres femmes du peuple se présentèrent pour visiter la chapelle ; longtemps elles considèrent l'autel, le crucifix, les tableaux et l'image de Marie tenant dans ses bras le petit Jésus, l'ange du Grand Conseil ; puis constatant bien qu'elles étaient seules et hors la surveillance de la police (à cette époque la religion de Jésus était connue sous le nom de religion infâme et prohibée) elles s'approchèrent en tremblant de l'apôtre toujours agenouillé. « Votre cœur, lui dirent-elles à voix basse, et notre cœur, ne sont qu'un même cœur. » Puis désignant l'image de la Vierge Mère, elles ajoutèrent : « Celle-là, c'est *Sancta Maria Sama*, cet enfant, c'est Jésus Sama. Chez nous presque tout le monde nous ressemble. » Le missionnaire, témoin et acteur de cette scène, s'écria : « Soyez béni, ô mon Dieu, pour tout le bonheur dont vous inondez mon âme. » L'Eglise du Japon était ressuscitée, les restes épars de la terrible persécution du xviᵉ siècle avaient su conserver eur foi au milieu de leurs millions de frères se livrant à toutes les orgies du paganisme : cent quatre-vingts ans sans prêtre, la foi fait des prodiges ! De plus, ne semble-t-il pas que la résurrection de cette Eglise est due à l'intercession des martyrs Japonais crucifiés à Nagasaki et que Pie IX vient d'élever (1862) sur les autels en présence de trois cents évêques et de cent mille fidèles. A droite de l'autel, on voit un tableau représentant le supplice des vingt-six bienheureux, et au pied Monseigneur Petit-Jean dormant son dernier sommeil ; une pierre funéraire enclavée dans la muraille indique brièvement ce que fut l'héroïque apôtre qui repose en ce lieu. Quel charme l'on goûte ? Quel parfum l'on respire ? lorsque visitant les lieux où les saints ont vécu, prié, pleuré et souffert, on s'agenouille où eux-mêmes se sont agenouillés. Ne vaudrait-il pas mieux baiser le pavé qu'ils ont arrosé de leurs larmes ? Mais il se fait tard, nous devons, bien qu'à regret, quitter ces lieux solitaires. Oh ! je me trompe, ce temple n'est point désert.... Jésus, l'aimable Sauveur, est là, attendant et recevant ses privilégiés ! L'émotion nous gagne..... En sortant de la cathédrale, sur le seuil même de la porte, nous psalmodions le *Salve Regina*.

A quelques pas de la Cathédrale est le cimetière, que nous visitons. Là, Monseigneur Locagne et quelques missionnaires reposent des fatigues de l'apostolat.

Tout en continuant notre visite, nous allons remercier les religieuses de Marie-Joseph pour le sympathique accueil qu'elles daignent faire aux Trappistines.

Le soir, pour le repas, nous prenons place à la table de Monseigneur l'Evêque de Nagasaki et des missionnaires du lieu. Ensuite, nous retournons au *Sydney*, qui le soir même file sur Kobé.

Maintenant nous reprenons la suite de notre voyage ; que dirai-je de la cité que nous venons de quitter ? Ville à la fois charmante et pittoresque assise sur le flanc de quelques coteaux ; elle étale aux yeux des voyageurs ses maisons de bois où respirent la simplicité et la pauvreté, les vêtements bariolés de ses habitants, des fleurs qui apparaissent ici et là, des bocages qui, de toutes parts, s'offrent à nos regards étonnés et qui attestent les goûts artistiques et champêtres des indigènes.... Mais ces descriptions et bien d'autres encore ont été faites de main de maître ; ce serait donc m'exposer à des redites fatigantes ,aussi je m'en abstiens.

19 *Février*. — La mer est assez maussade, mais l'espérance de bientôt en finir avec la traversée donne force et courage.

20 *Février*. — Le matin, nos P. P. s'abstiennent de dire la messe sur le bateau, car nous arrivons à Kobé. Lorsque le trois-mâts aborde le quai, les Isha renouvellent la visite de Nagasaki. Cette fastidieuse cérémonie terminée nous prenons terre, et en route pour la procure.

Le père Faye, procureur, vient à notre rencontre ainsi que les religieuses de Marie-Joseph. Chemin faisant, ces dernières nous apprennent que deux jeunes Japonaises qui les accompagnent ont lu une notice sur les Trappistines écrite par le père Ligneul, dont il sera parlé plus loin. Cette lecture achevée, elles ont senti le désir de mener une même vie, et bientôt résolution a été prise. Sachant le passage de nos Sœurs, elles ont voulu les voir.

Nous allons à la chapelle, nos P. P. y offrent le Saint-Sacrifice et la petite caravane fait la sainte Communion. L'action de grâces terminée, nous allons prendre le repas du matin à la procure, tandis que nos S. S. s'en vont chez les religieuses de Marie-Joseph. Puis, guidés par le père procureur, nous visitons Kobé et ses environs. C'est une promenade assez agréable, et la première que nous faisons au Japon...

Dans l'après-midi, nous allons rejoindre pour la dernière fois le paquebot, qui, depuis Marseille, nous a portés dans ses flancs.

Le père J. Baptiste et deux religieuses prennent le train qui les mènera à Yokohama en passant par Osaka. Par cette voie, ils fatigueront moins et, en outre, ils arriveront quelques heures plus tôt....

DEUXIÈME LETTRE

21 Février 1902.

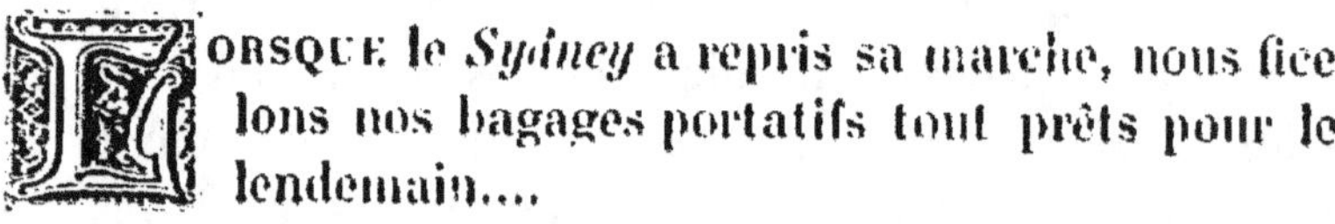

ORSQUE le *Sydney* a repris sa marche, nous ficelons nos bagages portatifs tout prêts pour le lendemain....

Nous sommes donc au dernier jour de notre longue traversée. Elles sont donc évanouies toutes les difficultés, toutes les peines et toutes les tribulations de la route. Sans doute, nous ne sommes pas encore arrivés à destination, mais le plus gros et le plus pénible est fait.

Le matin, le père Augustin dit la Sainte-Messe et toute la petite caravane y prend part.

Dans l'après-midi, de bonne heure, nous sommes en vue de Yokohama ; puis, peu après, nous arrivons. Encore une fois les Isha font leur apparition à bord. Quelques missionnaires et le Père J. Baptiste viennent nous rejoindre et... en avant pour la procure.

Nous restons à Yokohama jusqu'au lundi suivant, 24 février, pour nous reposer des fatigues de la route.

24 Février. — Le matin, vers les sept heures, la petite caravane a entendu la Messe et a remercié ses aimables hôtes ; elle prend tranquillement le chemin de la gare où, après quelques minutes d'attente, elle se confine dans un wagon et file sur Tokio. A l'évêché, où nous descendons, Monseigneur Osouf nous donne audience aussitôt, nous bénit paternellement, nous fait prendre nos repas à sa table et nous fournit un gîte pour la nuit dans son palais archiépiscopal.

Après le dîner, le Père Ligneul, un vétéran des missions, nous sert de guide dans la promenade que nous faisons en ville. Sur notre parcours, nous rencontrons un enterrement boudhique. J'ai décrit ailleurs ce spectacle, digne de notre compassion. Nous franchissons deux enceintes, mais les avenues de la troisième qui donnent accès au palais impérial, sont gardées par des militaires en armes.

Le soir, malgré le poids des ans, le vénérable archevêque de Tokio, métropolitain du Japon, ne cesse pas de fixer à chacun de nous une chambre pour la nuit, d'examiner si rien ne manque et de fournir au besoin de la lumière, des livres, etc...

25 *Février.* — Après nous être munis de provisions de bouche, nous reprenons notre marche en avant. Adieu, ville des Césars ! A midi, nous prenons notre repas sous le pouce, repas champêtre qui fait se souvenir de ceux que je prenais jadis : tantôt au bout du champ, pendant que les bœufs ruminaient ; tantôt assis sur l'herbe des prairies que nous venions d'abattre pour faire du foin. Oh ! beaux jours lointains de mon adolescence, où êtes-vous ? Où êtes-vous ?

A huit heures et demie du soir, nous arrivons en gare de Sendai ; le R. P. Jacquet, vicaire général de Hokodaté, nous reçoit à la descente du train et nous emmène à sa résidence où un copieux souper nous attend.

Nos Sœurs sont conduites chez les religieuses de Saint-Paul où elles reçoivent une bienveillante hospitalité.

26 *Février*. — De grand matin, nous recevons Jésus-Eucharistie, et disons adieu à cette ville de Sendai, si diversement célèbre. Les chrétiens, jusqu'aux derniers, on été mis à mort en haine du catholicisme ; et non loin de là, reposent les restes mortels d'un des plus grands persécuteurs de l'Eglise au Japon : Dato Massamune, prince de Sendai ; quelques bonzes viennent chaque matin prier sur ses cendres.

Avant de partir, saluons une dernière fois ces nobles martyrs : *Ce Martyrum candidatus...*

Le compartiment du train que nous occupons contient douze places japonaises, mais dix françaises seulement : nous serons donc serrés puisque nous sommes onze, mais nous aurons l'avantage d être tous ensemble et les douceurs de la vie commune nous feront oublier le reste.

Comme hier, c'est une plaine et des coteaux rendus arides par les rigueurs de l'hiver que nous traversons. Ça et là apparaissent des chaumières de modeste apparence. Au loin, nous distinguons des montagnes couvertes d'arbres séculaires. Nous franchissons des cours d'eaux, des rivières qui viennent se perdre dans la mer que nous côtoyons. Tel est l'aspect saisissant qui s'offre à nos regards.... Ces deux journées seront pour moi inoubliables. Toujours et sans cesse jé me rappellerai les prières et les vœux que faisait monter vers les cieux notre petite caravane, au milieu de ces campagnes désolées, mais j'ai hâte d'ajouter : de ces lieux qui font les délices de ceux qui ne cherchent et ne veulent que Dieu, qui est l'Etre infini. Oui, il fait bon vivre loin des hommes, dans les rudes travaux des champs, souffrant les privations et le dénuement sans admirateur et sans applaudissement : « n'ayant devant soi que la solitude, les oiseaux qui volent, les arbres que le vent agitent, la brise qui souffle, les torrents qui coulent dans les vallées » et les anges qui inscrivent chaque action au livre de vie.

Plus nous avançons, plus la température devient froide, et de moment en moment la neige gagne en hauteur.

Dans la soirée, nous égrenons notre chapelet en commun. A sept heures et demie du soir, nous sommes en gare à Aomori. Le R. P. prieur et le Père Faurie, missionnaire de ce district, arrivent à l'instant même à notre rencontre. Par des chemins couverts de neige et glissants nous nous rendons à la demeure de ce dernier. En hauteur, la neige a des proportions effrayantes : elle atteint la toiture des maisons... Après des tours et des demi-tours, nous arrivons chez le brave Père. Il n'est pas riche, il manque de tout ; mais c'est la pauvreté apostolique. En entrant, nous laissons nos chaussures dans le couloir et nous nous faufilons dans la salle à manger qui sert de cuisine, et au besoin de dortoir pour la nuit. Chacun s'installe comme il peut ; les uns debout, les autres assis ; qui par terre, qui sur une planche. Le cher Père possède peu de chaises et pas de planches pour installer des bancs improvisés.

Lorsque la soupe est cuite à point, il en sert quelques plats, mais il manque des assiettes ; donc, nous mangeons les uns après les autres... Autre inconvénient ; il n'y a pas autant de cuillères que d'assiettes, on doit se servir de fourchettes : à la guerre comme à la guerre.

En déballant une demi-douzaine de verres, il en brise deux : « Bon, dit-il en s'exclamant, ça n'en fera que deux de moins. » On boira les uns après les autres et tout sera dit. La soirée est des plus joyeuses ; le bon Père ne contribue pas peu à la rendre ainsi. « Si vous n'aviez pas visité le Père Faurie, nous dit-il, vous n'auriez rien vu au Japon. »

Vers onze heures, nous songeons à aller dormir ; mais pour reposer quelque peu, il ne s'agit pas de s'étendre sur une natte : il faut encore se couvrir sous peine de geler. C'est une difficulté que le Père Faurie résout sans trop de soucis. Il envoie son catéchiste dans un hôtel de la ville chercher des couvertures. Bientôt après, celui-ci arrive tout haletant, apportant de quoi nous garantir du froid. Les matelas sont plus ou moins propres. Tant pis !

La chapelle, un ancien temple boudhiste, sert de dortoir aux religieuses ; quant à nous, nous transformons la salle à manger en chambre à coucher, et l'on s'étend de son mieux pour prendre le sommeil lorsqu'il viendra.

27 Février. — De grand matin, nous sommes debout, Les P. P. disent leur messe l'un après l'autre, car il n'y a qu'un autel. Après quoi, nous faisons honneur au déjeuner que notre hôte nous a préparé, et, en route pour le bateau qui nous emportera à Hakodaté.

Vers dix heures, nous quittons la baie de Aomori. Lorsque le bateau a gagné le large, le B. P. prieur nous invite à faire un léger goûter, dont quelques conserves font tout le menu.

Après quelques heures de navigation, nous voyons se dessiner à l'horizon, sur la pente d'une montagne, un point encore indécis. Mais à mesure que nous avançons, ce point devient de plus en plus visible : enfin l'on distingue une maison blanche avec son clocher : c'est le Monastère de Notre-Dame du Phare ; nous le saluons en passant.

Il est quatre heures du soir lorsque nous mouillons dans le port de Hakodaté. Les P. P. Christman, curé de la cathédrale ; de Noailles, procureur ; Dossier, missionnaire, nouvellement arrivé de France, et le Père Robert, aumônier des Tappistines à Notre-Dame des Anges, viennent à notre rencontre sur le bateau. Nous prenons deux barques et en route pour la terre ferme.

Nous montons à l'évêché qui est en même temps procure, et allons de suite recevoir la bénédiction de Monseigneur Berlioz

La soirée se passe en compagnie des missionnaires. Le
cabinet d'étude de l'évêque sert de dortoir.

28 Février. — Les Pères disent leur messe à la cathédrale. A sept heures et demie, nous nous rendons chez
les S. S. de Saint-Paul de Chartres, qui demeurent à deux
pas de l'évêché. pour faire nos adieux aux religieuses
Trappistines, nos compagnes à bord depuis notre em-
barquement à Marseille le 12 Janvier précédent. Nous
sommes reçus dans une vaste salle. Avant de nous sépa-
rer, nous nous disons au revoir au Ciel et, sur la demande
de la directrice du voyage, nous inclinons nos fronts et
nos cœurs sous la bénédiction paternelle du R. P. prieur,
supérieur de Notre-Dame du Phare et père immédiat,
par délégation de Notre-Dame des Anges.

Il est neuf heures lorsque nous montons dans la cha-
loupe qui fait le service de Hokodaté à Moheji et à
Tobetsu.

A dix heures trois quarts, nous mettons pied à terre à
Tobetsu Deux traineaux, attelés de deux chevaux chacun, sont là à nous attendre. L'homme d'affaire de la
Maison nous reçoit au rivage et nous souhaite la bien-
venue. Nous déposons nos bagages dans l'un des traineaux et nous nous installons dans l'autre. Encore quelques minutes et nous serons au Monastère. Les chevaux
nous conduisent jusqu'à la ferme. De là, nous gravissons
à pied la petite colline qui nous sépare de la maison. Nos
nouveaux confrères nous reçoivent à la porte principale où
nous leur donnons l'accolade fraternelle. Le R. P. prieur
lève la loi du silence pour le reste de la journée.

Notre première visite est pour l'hôte de nos Taber-
nacles, Jésus au Saint-Sacrement.

Dans l'après-midi, nous visitons les principales parties de la maison, de l'établissement et l'orphelinat situé au bas de la colline. Le soir même, nous reprenons joyeusement nos exercices de Communauté interrompus depuis de longues semaines. Quel bonheur de pouvoir de nouveau s'unir à de chers confrères et çà sur une terre d'exil, pour chanter le *Salve Regina* à la Reine du Ciel. Oh ! comme elle dut ce soir-là prêter une oreille attentive au cri d'espérance et d'amour qui s'exhalait du plus intime de notre cœur !!! Bénis soient Jésus et Marie.

TROISIÈME LETTRE

Notre-Dame des Anges, le...
Notre-Dame du Phare, le 30 Mai 1905.

Mes bien aimés dans le Seigneur,

Après m'être adressé à vous dans mes premières lettres comme à des étrangers, je sens maintenant le pressant besoin de vous parler en ami. Pour cette raison et pour d'autres, je vous écrirai désormais sous forme de causeries intimes. Daigne vous plaire cette manière de faire.

PREMIÈRE CAUSERIE

Comment les Trappistes, moines agriculteurs, furent introduits au Japon. — Les Laborieux débuts de Notre-Dame du Phare. — Les premières années.

> *Les Moines et les chênes sont éternels.*
> LACORDAIRE

Mes bien-aimés, vous voyez de suite que nous marchons à pas de géants dans l'histoire de Notre-Dame du Phare. Cette douce intimité nous conduira à mon arrivée dans cette pieuse maison, date où mes missives précédentes nous ont fait aborder après une longue et périlleuse navigation. Lorsque le voyageur traverse les montagnes à demi désertes, du Haut-Hokkaïdo, il n'est pas peu surpris de voir apparaitre sur une petite éminence à dix-sept cents mètres de la mer, une maison blanche, d'humble apparence, avec son clocher. C'est Notre-Dame du Phare.

Cette pauvre habitation, qui abrite des moines venus d'Occident, ne remonte pas par son passé à des temps reculés, comme nos grandes abbayes françaises dont l'origine se perd dans les gloires chevaleresques du Moyen-Age ! Non, si l'on se reporte à dix années en arrière, on constate avec tristesse que le peuple Japonais ne songeait nullement à ce moine agriculteur qui avait jadis civilisé l'Europe....

Les commencements de Notre-Dame du Phare sont des plus humbles !

La première colonie de Trappistes que le Japon ait vu débarquer à Hakodaté le 27 octobre 1896 fut appelée par Monseigneur Berlioz. Les premiers religieux qui composaient cette première caravane étaient au nombre de neuf, y compris le R. P. Dom Bernard, abbé de Notre-Dame de Consolation (Chine) qui tenait le gouvernail. Ils venaient des contrées les plus diverses de l'Europe : France, Italie, Belgique, Hollande, voire même le Canada étaient représentés.

Le surlendemain, 31 octobre, ils prirent possession de l'habitation que leur avait fait préparer Monseigneur l'évêque de Hokodaté, mais l'entrée canonique n'eut lieu que le 21 Novembre suivant, fête de la Présentation de Marie au Temple. Elle fut présidée par Sa Grandeur Monseigneur l'évêque de Hakodaté.

Dès la première nuit, ils durent, pour prendre leur repos, étendre quelques couvertures sur le plancher en guise de lit.. et alors commencent les longues privations qui seront le pain quotidien de ces vaillants religieux.

Le premier hiver est précoce et terrible. Les vivres doivent venir de Hakodaté, distant de vingt-huit kilomètres. Le manque de ressouces, les difficultés de transports et l'ignorance de la langue rendent fort pénibles les débuts de cette fondation.

Les naturels ne regardent les religieux qu'avec haine et mépris. Ce sont pour eux des gens suspects et ils vont jusqu'à leur interdire tout droit de passage sur leur terrain. Pendant longtemps, ils furent à leur insu surveillés de près.

Au fort de l'hiver que j'ai dit avoir été si rigoureux, les religieux allaient, raconte l'un d'eux, laver leur linge à un petit ruisseau qu'ils avaient élargi, mais là, que de misères ! Le linge se glaçait entre leurs mains.

Deux frères étaient chargés de préparer les aliments dans un coin de la maison ouverte à tous les vents. Ils possédaient en commun une méchante paire de vieux sabots. Lorsque l'un sortait, l'autre devait rester sur place ou marcher pieds nus, ce qui n'était guère agréable. Et leur vêtement, Dieu sait quel il était. Comme toutes les œuvres de Dieu, cette nouvelle maison de prières voit son existence marquée au coin de toutes les tribulations.

C'était bien l'œuvre de Dieu, dira plus tard l'un des religieux de la premièr heure, car jamais travail humain ne pourra résister aux difficultés auxquelles cet établissement fut en butte dans ses modestes commencements.

Mais la divine Providence veillait. Elle prit en pitié ceux qui étaient venus en ce pays pour y établir son règne dans les âmes.

Après les longs mois d'hiver, vinrent les beaux jours de printemps : le soleil se levait plus radieux, les arbres de la montagne qui sert de limite à la propriété se couvrirent de feuillage, les champs reprirent leur parure et les oiseaux s'élançaient dans les airs pour faire entendre leurs ravissantes mélodies. Tout semblait donc inviter nos Pères à espérer des jours meilleurs. Néanmoins, l'avenir apparaissait bien gros de nuages. Une question se posait tout naturellement aux esprits, et celle-ci n'était pas mince. Comment faire vivre la petite Communauté, qui va chaque jour grandissant ?... Mais, confiance, la question est sur le point d'être résolue. Je l'ai dit, Dom Bernard avait amené de France avec lui huit religieux ; deux mois plus tard, le R. P. Dom Vital, abbé de Bricquebec, envoyait son prieur, le père Gérard Buillier. De son côté, Dom Bernard s'étant rendu en Chine, à Notre-Dame de la Consolation, après la première installation, en revint le printemps suivant amenant avec lui un de ses religieux. De plus, un séculier avait voulu, malgré toutes les représentations qui lui furent faites lorsque la petite colonie passa à Hakodaté, les suivre comme postulant à Notre-Dame du Phare.

Les choses en étaient là, quand un jour d'été le R. P. Bernard reçut une lettre de l'abbé général de l'Ordre. Le Révérendissime le déchargeait de la fondation et le priait de reprendre personnellement la direction de la Trappe de Notre-Dame de la Consolation (Chine) dont il était supérieur. Puis il remettait la direction de Notre-Dame du Phare entre les mains du R. P. Gérard Peuillier.

C'était l'homme que la bonne Providence envoyait à l'heure opportune à cet effet. Le R. P. Gérard ne tarda pas à voir et à comprendre l'immense responsabilité qui lui incombait. Il ne vit qu'un moyen de remédier aux angoisses de l'heure présente : partir pour la France et exposer aux supérieurs majeurs la triste situation du Monastère naissant. Il se mit donc en route au mois de Novembre de la même année. Il se présente dans divers Monastères de l'Ordre, recueille çà et là des religieux et décide le départ de Trappistines pour la fondation d'une maison au Japon, que le chapitre général a autorisée en 1896... Mgr Berlioz, évêque de Hokodaté, leur avait préparé un Monastère à douze kilomètres de sa ville épiscopale, et les attendait depuis longtemps déjà. Pendant son séjour en France, Dom Gérard reçut sa nomination de Prieur titulaire, et par là même Notre-Dame du Phare était érigée en prieuré.

En 1898, les deux fondat'ons du Japon étaient déclarées maisons Filles de Notre-Dame de Grâces (Bricquebec).

Après avoir assuré l'avenir de la fondation, Dom Gérard je disposa à reprendre la route du Japon.

Les membres épars de la petite caravane, de la nouvelle colonne, se réunirent à Marseille le samedi 12 Mars 1898. Le lendemain, jour du départ tous se rendirent à Notre-Dame de la Garde pour implorer la protection de la bonne Mère. Dans l'après-midi, ils disaient adieu à la France.

Vous vous souciez peu, j'en suis convaincu, d'assister à un voyage à travers les mers ! Eh bien... rejoignons nos pieux pèlerins à Notre-Dame du Phare où ils arrivent le 28 Avril suivant ; au moment où, selon l'expression de l'un d'^u   : « les vallées, les montagnes, les champs, les rizières étaient encore dans leur parure de premier printemps. » Mon spirituel confrère, dont j'ai les notes sous les yeux, ajoutait, en parlant du Japon : « C'est un charmant enfant dont les vêtements sont trop courts, mais dont on devine les grâces futures.... » Voici donc renforcée la petite armée du Christ. Comme leurs aînés, ces nouveaux chevaliers de Marie combattront vaillamment sous les étendards de la Croix, et toujours ils se montreront à la hauteur de leur mission. Ni les difficultés, ni es privations qui surgiront, si nombreuses soient-elles, ne diminueront leur courage ni ne lasseront leur patience.

Confiant en la divine Providence, les regards fixés sur les biens éternels, ils marcheront de l'avant, s'en remettant à Dieu pour l'avenir.

Les temps héroïques ne sont point finis. Des épreuves de tout genre viennent de no iveau s'abattre sur cette pauvre maison destinée par Dieu de toute éternité à être une maison consacrée à 'a prière et à la pénitence.

Depuis l'arrivée de la seconde caravane jusqu'à la nôtre, deux religieux sont foudroyés par la mort ; plus eurs autres sont contraints,pour cause de santé, de rentrer en France.

Mais, à côté de ces déceptio s, il y a une grande consolation : sur bon nombre de Japonais qui, après s'être fait chrétiens, se sont faits Trappistes, dix persévèrent et, à notre arrivée, nous les trouvons déjà tout formés aux pratiques de la vie religieuse. Ils semblent, par leur bonne volonté, assurer un magnifique avenir à cette Trappe qu'on nomme Notre-Dame du Phare, et dont les débuts, comme nous l'avons vu, on' été si éprouvés. Epreuves qui se perpétueront encore longtemps et qui resteront un des côtés saillants de cette chère Maison.

Fiat voluntas Dei.

QUATRIÈME LETTRE

Notre-Dame du Phare, le 30 Juin 1905.

Une vocation. — Comment on se fait Trappiste a
Notre-Dame du Phare.

Mes bien-aimés,

Un jour du mois d'octobre 1902, le cher Frère Jean-Baptiste revenait de chez les Trappistines de Notre-Dame des Anges amenant avec lui un jeune homme marquant vingt et quelques années ; front découvert, figure se ressentant de la variole, cheveux blonds, presque imberbe, chaussé d'une longue paire de bottes, et drapé dans un pardessus qui descendait jusqu'à mi-jambe ; sur l'épaule gauche, un uniforme de soldat et un pantalon ; sous le bras droit, un oreiller. Dans cet accoutrement il marchait avec l'allure décidée d'un jeune conscrit.

Quel est donc cet individu ? Un Européen sans doute ! Son teint ne montrait pas en lui un français... Un Allemand, un Espagnol, un Portugais... peut-être ! Telles furent les pensées qui au premier moment hantèrent mon esprit...

Voici son histoire, telle que me la racontée le vénéré frère Jean-Baptiste. C'est lui qui parle : « Je me trouvais dans une écurie à Notre-Dame des Anges, lorsque je vis entrer le jeune homme en question, mais vêtu tout en soldat moins les galons sur les épaules. De prime abord je me rejetais brusquement en arrière, ne sachant pas avec qui j'avais affaire. Bientôt l'air suppliant de mon interlocuteur qui se jetait à mes genoux et fondait en larmes, fit naitre en mon esprit un sentiment de compassion. Mais... Quelle langue parle-t-il ? Je n'en comprends pas un mot... Alors je lui adresse la parole d'abord en Japonais, puis en Italien, mais c'est peine perdue. Je réfléchis un instant, me demandant en moi-même quel patois ce gaillard pouvait bien jargonner... pas français, pas anglais, pas allemand, pas hollandais, dame c'est bien drôle... entre parenthèse ne vous étonnez pas, le frère Jean-Baptiste connait toutes ces langues. Je lui demande en allemand s'il parle français. A ces paroles un sourire illumine le visage de mon homme, comme une dernière lueur d'espérance qui sourit au pauvre naufragé, et il me répond que non, mais qu'il connait quelque peu l'allemand.

De là une conversation s'engage et, sans forfaire, le malheureux pauvre jeune homme conta tout au long son histoire au frère Jean-Baptiste, son sauveur.

Puisque vous le voulez bien, laissons-le nous raconter ses aventures, ou si vous aimez mieux, écoutez la première narration qu'il en fit au pieux frère Jean-Baptiste.

« Je suis Polonais de nation. Appelé il y a un an sous les drapeaux au service de la Russie, on m'envoya à Wladiwostok. Là, continuellement en butte aux brutalités des Russes schismatiques, je résolus de m'enfuir, n'importe à quel prix. Un compatriote était dans les mêmes dispositions que moi. Nous arrêtâmes ensemble notre plan d'évasion..... Nous empruntâmes quelque argent ; et, un soir, nous offrimes cet argent à des matelots, s'ils voulaient nous cacher sur leur bateau qui partait pour le Japon. Notre but était de filer en Amérique, si possible était. Notre proposition fut acceptée d'emblée... Sur le bateau, nous restâmes coi pendant deux jours. Malheureusement, lorsque nous voulûmes nous montrer, nous fûmes aperçus par le capitaine, qui cria à ses hommes en allemand : « Chassez-moi ces individus, je n'en veux pas à mon bord. » Force nous fut de descendre à la première escale : c'était Mororan. Là, nous nous occupâmes assez bien pendant quelques jours. Mais la nourriture japonaise n'était pas faite pour notre estomac. Les gens de ces parages nous prirent en pitié et s'ingénièrent de leur mieux pour nous procurer quelques provisions européennes. Puis, ils nous conseillèrent d'aller à Hakodaté, où de nombreux Européens avaient fixé leur résidence. Nous suivime ce conseil.....

« Mais en arrivant à Hakodaté, nous rencontrâmes des gens prévenants comme il y en a partout surtout lorsqu'on paie. Ils nous demandèrent de quelle nationalité nous étions, afin de nous conduire dans un hôtel, tenu par nos compatriotes « Anglais, Allemand : Ah ! vous êtes Russes... » Alors ils nous menèrent chez le consul de Russie. Là, un homme de taille élancée, portant toute sa barbe, l'œil vif, nous aborde sans cérémonie : c'était le consul lui-même. « Je vois, nous dit-il, que vous êtes deux déserteurs quoique vous ayez arraché les galons de sur vos épaules ; vos habits m'indiquent que vous étiez dans l'artillerie à Wladiwostok ». Tel fut le préambule qu'il nous adressa d'une voix hautaine, avant même que nous lui eussions déclaré qui nous étions. Nous comprimes de suite que nous étions mal tombés, et d'un air peu rassuré nous niâmes la chose. Mais le consul insista et, d une voix plus douce, il nous invita à retourner, s'offrant pour adoucir autant que possible l'amertume de notre retour. Mais nous, nous sortimes, en proie à la plus profonde tristesse. Pendant deux jours, nous errâmes vagabonds, sans travail et sans pain.. Au bout de ce temps, sans force, et ne sachant plus que devenir, nous prîmes des résolutions extrêmes. Mon camarade se décida à prendre la route de son régiment, sans cependant se faire illusion sur ce qui l'attendait à son retour à la caserne. Moi, au contraire, j'ai résolu d'aller jusqu'au bout. Pendant que mon compagnon s'en retournait tristement au Consulat, je me demandais sérieusement où aller, quelle route prendre, lorsque j'aperçus un tramway qui sortait de la ville. Il doit y avoir quelque chose d'important par là, me suis-je dit, puisqu'il y a tant de monde qui le prenne. Et sans plus d'hésitation je l'ai suivi au pas gymnastique.

« Arrivé au point terminus (Yunogawa) tout le monde est descendu et s'est dispersé un peu de tous les côtés.

« Morne et silencieux, j'ai suivi le groupe le plus compact, qui bientôt lui aussi a fini par se disjoindre, et je suis resté seul patauger dans le chemin... M'arrêtant tout à coup, j'ai promené mes regards sur les paysages environnants en suppliant Marie de venir à mon secours.

« Quelle n'a pas été ma surprise d'apercevoir dans le lointain une maison blanche surmontée d'une croix. Ce sera, me disais-je, en moi-même, des chrétiens, pourvu qu'ils ne soient pas Russes... J'ai aussitôt dirigé mes pas de ce côté. Après quelques détours, je suis arrivé à cette place où vous me voyez maintenant. »

Pendant que le jeune Polonais racontait les détails que l'on vient de lire, appuyant sur les moindres circonstances, le frère Jean-Baptiste était resté sans mot dire. Mais, lorsque son récit prit fin, il le questionna fortement.

— Etes-vous chrétien ? — Oui, je suis catholique. — Pourriez-vous m'en donner des preuves ? Pour réponse, le jeune homme fait de grands signes de la croix.— Mais, le signe de la Croix, répliqua le frère Jean-Baptiste, n'est das suffisant pour me convaincre que vous êtes catholique. — Alors, l'interlocuteur exhiba un petit sachet. Il contenait des médailles, scapulaire, images pieuses. Dévots souvenirs qu'il avait emportés jadis du village natal.

« Recevez-moi, répétait-il en pleurant et en baisant, suivant l'usage de son pays, les mains de celui qui devint son libérateur ; recevez-moi, désormais je serai votre serviteur... »

A la fois ému et touché de tant de misères, le frère Jean-Baptiste se décida à le garder au moins quelques jours, en essai ; et, comme il n'avait pas encore mangé de la journée, il lui donna de quoi refaire ses forces.

Les jours suivants, sa conduite fut édifiante ; malgré cela, il ne pouvait rester indéfiniment chez les Trappistines ; c'est pour cette raison que le frère Jean-Baptiste nous l'amena à Notre-Dame du Phare.

Le pauvre jeune homme n'avait en fait d'habillement que son habit militaire qu'il portait et son inséparable oreiller. Ne voulant pas nous le présenter dans cette tenue, le frère Jean-Baptiste le conduisit en passant par Hokodaté, chez un tailleur qui, de suite, s'empressa de répondre au désir de ses clients.

... Ils venaient de sortir de la boutique du tailleur, lorsqu'ils aperçurent venant droit à eux l'ancien collègue du jeune Polonais qui, paraît-il, comme on le verra bientôt, était à sa poursuite. Ne voulant pas se faire reconnaître, il fit volte-face, après s'être donné rendez-vous avec le frère Jean-Baptiste au coin d'une autre rue, où ils se rejoignirent quelques instants plus tard De là, ils se rendirent à l'évêché, où Mgr Berlioz et les missionnaires leur racontèrent ce qui suit : « Le Consul de Russie est venu ici pour nous parler de deux déserteurs ; l'un protestant, et l'autre catholique. Le premier est revenu au Consulat s'offrir pour rentrer dans son régiment. Le second est parti on ne sait où ! Peut-être se pendre ou se donner la mort dans les montagnes !!! Qui sait !!!

« Depuis quelques jours, avait ajouté le Consul, j'ai envoyé celui qui est rentré à la recherche de l'autre. Jusqu'ici, ses recherches ont été infructueuses. Je pensais que peut-être, comme il est catholique, il était venu vous demander asile. Au surplus, s'il ne veut pas rentrer, je n'y puis rien puisqu'il est sur un territoire étranger... »

Gardez-le, dit Monseigneur, en se tournant vers le frère Jean-Baptiste ; gardez-le, car qui ne verrait la main de la divine Providence, qui l'a soustrait, lui, enfant de l'Eglise catholique, aux violences des schismatiques, tandis que son camarade, lui, protestant, va de nouveau retomber entre leurs mains. »

Ce fut ce jour-là même que le cher frère Jean-Baptiste nous l'amena à Notre-Dame du Phare. Nous le reçûmes comme un pauvre exilé.

DEUXIÈME PARTIE

CINQUIÈME LETTRE

Notre-Dame du Phare, le 26 Août 1905.

UNE VOCATION. — COMMENT ON SE FAIT TRAPPISTE
A NOTRE-DAME DU PHARE.

MES BIEN-AIMÉS,

MAINTENANT, il ne me reste plus qu'à vous esquisser à grands traits les années qui nous séparent de son arrivée : ainsi nous verrons ce qu'il a été et ce qu'il est.

Malgré toute sa bonne volonté, qu'on n'aille pas croire qu'il avait atteint le degré de perfection nécessaire pour être rangé parmi les saints que l'Église propose à notre vénération. Non ! Malheureusement ! Bientôt l'ingrate nature et les basses convoitises revinrent demander une large part.

Du reste, ce jeune homme était sans instruction, sachant à peine lire, ignorant, au moins, en partie le Décalogue. Personne ne sera étonné de ce que j'avance, lorsqu'on s'ura, qu'on se rappellera quelle opiniâtreté les Russes schismatiques ont mise pour déraciner du cœur des pauvres Polonais la foi qui les tenai si étroitement unis à l'Eglise catholique, apostolique et romaine. Que d'évêques, que de prêtres, que de fidèles exilés en Sibérie !!...

Mais ce que ce jeune homme avait de bon, c'est qu'il acceptait toujours avec reconnaissance les observations qui lui étaient faites. C'est ainsi qu'après quelques tiraillements, il s'améliora sensiblement.

Nous pensions que, puisqu'il ne pouvait plus s'en retourner en Pologne, il établirait ménage dans les environs avec nos chrétiens Japonais, quand, ô surprise !! au commencement de Mars 1904, il demanda à se faire trappiste. J'avoue que, pour ma part, mon étonnement fut grand ; je n'en pouvais croire mes oreilles....

Son entrée en communauté fut fixée à Pâques.

Entre temps, la guerre Russo-Japonaise prit des proportions effrayantes, et Monseigneur l'évêque de Hakodaté nous conseilla de le renvoyer, afin de ne pas attirer sur nous les regards si pénétrants du gouvernement Japonais... On crut prudent de suivre ce conseil ; et un jour il fut averti que, vu l'état des choses, nous devrions le renvoyer dès le lendemain matin. Devant cette brusque déclaration, qui ne souffrait pas de réplique, il parut plein de résignation et se prépara à partir pour..... Yokohama. Chacun de nos ouvriers Japonais s'ingénia pour l'aider à payer un petit bout de chemin....

Le matin suivant, après avoir pris un bon déjeuner, il était prêt à partir, lorsqu'on lui annonça que le Révérend Père Prieur, absent depuis quelques jours était rentré la veille au soir, et que, d'après de nouvelles informations, il demandait de surseoir au départ.... On devine aisément avec quelle joie le pauvre exilé accueillit cette proposition inattendue.

A partir de ce moment, il reprit ses occupations précé-

dentes, se livrant avec une ardeur toute nouvelle au travail.... Sa piété alla en augmentant chaque jour. Il
réitéra maintes fois sa demande d'entrer en Communauté. Il y avait bien un grand obstacle : il ne savait ni
le français ni le japonais. Dans quelle catégorie le placer
pour l'instruire des devoirs de la vie monastique ?...
Mais, considérant sa bonne volonté, le R. P. prieur se
détermina à l'admettre au milieu de nous comme postulant.

Plusieurs ont été, tour à tour, chargés de lui faire entrer dans la tête quelques mots de français ; mais tous,
ou à peu près, ont échoué. Le cher frère Tarcisse est de
nouveau chargé de son éducation. Mais l'élève a, parait-
il, l'intelligence bien bornée sur ce point.

Après de longues années, il ne fera encore guère d'honneur à ses maitres.

Ce qui est plus consolant : sa piété est bonne, sa ferveur se maintient, sous ce rapport sa conduite est édifiante... Quand les évènements qui, aujourd'hui, ensan-
glatent le pays, auront pris une tournure plus paci-
fique, et aussi qu'il saura un peu plus de français, nous
pourrons le revêtir de la bure cistercienne, et alors il
commencera sérieusement son noviciat. En attendant,
taillé à l'hercule comme il est, il continuera à rendre
bien des petits services à la maison, qui, du reste, est
contente de lui.

J'achevais d'écrire les dernières lignes qu'on vient de
lire (mi-Avril 1905) quand, sans que je m'en doutasse,
une phase nouvelle s'est ouverte dans la carrière de notre
héros. Pourquoi et comment ? C'est ce qui me reste à
vous dire avant de terminer cette lettre.

N'ayant à sa disposition aucun livre qu'il pût lire, il
passait le temps des intervalles inactif. Comme l'oisi-
veté est la mère de tous les vices, on devine aisément ce
qu'il advint : le mal du pays envahit le cœur de notre

jeune homme et il pensa rétourner en Allemagne où il avait vécu jadis, et là se faire Trappiste dans un de nos Monastères. On le laissa partir, mais non sans avoir, auparavant, essayé de le détourner de son dessein.

Le mardi de Pâques il partit donc vêtu comme un gentleman. En arrivant à Hokodaté, quelle ne fut pas sa surprise de se voir entouré, questionné par la police, et, après quelques jours d'arrêts forcés, condamné à rebrousser son chemin... Un chef de police le gratifia d'une lettre pour le R. P. prieur. Cette missive était une supplique pour qu'on le gardât à Notre-Dame du Phare jusqu'à la fin de la guerre. A cette lettre, Monseigneur l'évêque de Hakodaté en joignit une autre également pour le R. P. prieur, lui disant de prendre en pitié ce pauvre individu...

C'est donc muni de ces lettres que revint tout penaud à Notre-Dame du Phare le malheureux exilé. Ayant égard à la demande de Monseigneur Berlioz, le R. P. prieur le reçut de nouveau, mais comme familier seulement. Sa conduite est toujours bonne ; malgré cela, jusqu'ici, il n'est pas rentré en communauté.

Le jour de la fête-Dieu, 22 Juin, Monseigneur Berlioz lui a administré le Sacrement de Confirmation qu'il n'avait pas encore reçu. Le voilà donc parfait chrétien...

Que deviendra-t-il ? L'avenir le dira. Adieu mes bien-aimés. Tout à vous dans les S. S. Cœurs de Jésus et de Marie.

F. M. IGNACE.

SIXIÈME LETTRE

Notre-Dame du Phare, le 6 Octobre 1905.

LES TRAPPISTES AU JAPON ET LEURS ŒUVRES.

MES BIEN-AIMÉS,

Dans une missive précédente, je vous ai montré par combien de tribulations les Trappistes avaient dû passer pour s'établir dans cet intéressant pays du soleil levant.

Aujourd'hui, j'aurais voulu exposer à vos regards les œuvres qu'ils ont fait éclore par leur dévouement.

FORMATION DE VILLAGES CHRÉTIENS

Vous souvient-il de ce que raconte l'histoire du Moyen-Age et que l'illustre et pieux auteur du Génie du Christianisme résume ainsi : « Ce sont les moines qui ont défriché la vieille Europe, et qui tout en apprenant à nos Pères, qui étaient des barbares, la culture des champs leur ont enseigné la seule vraie civilisation « la religion chrétienne. »

Jadis, la plupart de nos paroisses bretonnes étaient dirigées par des moines Bénédictins.... D'où cela provenait-il ?

De ce que ces moines édifiaient des couvents et que

beaucoup de gens désireux de vivre en paix sous la tutelle toujours si douce et si paternelle des religieux, venaient avec la permission de ces derniers établir ménage sur les terres du Monastère, ainsi jetaient les fondements de futures bourgades qui sont devenues avec le temps des centres populeux et importants comme Saint-Malo, Dol et Saint-Méen, en Ille-et-Vilaine.

C'est donc sur ces Monastères modèles des siècles passés, et pour continuer les grandes traditions de leurs pères que les Trappistes au Japon apprennent à ce jeune peuple encore assoupi dans les ténèbres du paganisme, l'amour du travail, de la paix et le sublime dévouement chrétien poussé jusqu'à l'héroïsme.

C'est au prix de mille sacrifices que les Trappistes ont réussi à fonder le noyau d'intéressantes chrétientés avec les débris de l'ancien régime, du régime féodal de ceux qui formaient autrefois le corps de l'armée shogunale au Japon, et en 1868 lors de la restauration impériale, furent dépossédés et exilés, je veux dire des nobles Samuraï qui furent, par leur exil, condamnés à la dernière misère... Aussi, plusieurs virent-ils, d'un œil favorable, l'établissement des Trappistes dans ces lointains parages. Les moines en acceptèrent plusieurs comme ouvriers ; et la beauté de notre sainte religion ne tarda pas à conquérir leurs cœurs, et bientôt ils devinrent de fervents chrétiens.... Puis leurs enfants ont grandi et ont formé de nouvelles familles.

Combien il est intéressant lorsqu'on visite les quelques centaines d'hectares de terrain qui forment la propriété des Trappistes de rencontrer çà et là et comme perdu au milieu des grandes herbes où au fond d'un vallon, parmi un charmant bosquet d'arbres touffus, un petit hameau où règne un silence solennel que seuls les ébats des jeunes bambins viennent de temps à autres comme arracher à sa mélancolie profonde.

Voyez-vous ces chaumières ? Comme elles respirent la pauvreté. Des troncs d'arbres coupés à la montagne en font la carcasse et de la Kaya (grande herbe) recouvre le tout et donne une forme simple, il est vrai, mais élégante, à l'habitation...

Pendant que nous sommes sur les lieux, pénétrons, si vous le voulez bien, dans l'intérieur de la cabane ; cela fera plaisir aux maîtres de céans. Pour entrer, baissez la tête, sans quoi vous courez risque sinon de vous briser le chef, du moins de vous donner un mauvais coup contre les supports de la toiture. Voyez comme la porte est simple, trois planches pointées debout sur trois traverses en font tous les frais. Comme c'est une porte à coulisse, faites-la glisser doucement à gauche . Dans cet intérieur, rien de bien luisant ne frappe vos regards : armoire, chaise, lit, table, meuble précieux, rien de tout cela, absente aussi la batterie de cuisine française...

Cependant, laissez vos chaussures auprès de la porte d'entrée, sans quoi vous feriez œuvre de personne mal élevée et parfaitement étrangère aux usages de ce noble pays.

Maintenant que nous avons quitté nos savates , avançons-nous modestement jusque sur les tatami (nattes), et imitons nos hôtes en nous agenouillant et en appuyant les mains et la tête par terre autant de fois qu'il y a de personnes présentes pour rendre à chacun son gracieux salut. Comme l'hiver vient de finir, il fait encore froid : approchez-vous donc du feu ; et puisque vous ne savez pas la langue, examinez un peu pendant que je ferai la causette avec eux.

Vu que nous sommes entrés dans une des principales maisons de nos chrétiens, à l'intérieur il y a des parois en planches. Il y a aussi un plancher sous les tatami ; mais pas de plafond, la toiture simplement. Le foyer est au beau milieu de l'appartement, il prend un mètre carré.

Vous comprenez pourquoi il n'est pas dans un coin de l'appartement, parce qu'il est impossible, dans une pareille gargote, d'avoir de cheminée à cause qu'elle est toute en Kaya et en planches. Le feu ferait flamber le tout du premier coup et dans un clin d'œil. D'ailleurs, c'est l'usage au Japon d'avoir le brasero dans le milieu de la maison.... Toute la famille s'agenouille ou plutôt s'asseoit sur ses talons selon la mode japonaise et fait le rond autour du feu. Le chef de la famille bourre sa fameuse pipe qui contient une bouffée, avec du tabac japonais. Comme elle n'est pas grande, il faut la remplir souvent.

De temps à autre, il jette quelques brindilles de bois vert sur le feu pour l'entretenir ; et, tandis que le bois s'égoutte en pétillant, une fumée nauséabonde s'en échappe et, après avoir rempli le taudis, s'en va dehors par le trou pratiqué dans le toit. Le maître du logis offre le thé dans un petit bol qui contient une gorgée. Ce thé est bien amer, mais acceptez-le quand même, pour faire plaisir et... continuez votre inspection, personne n'y trouvera à redire.

Au fond de l'appartement sont appendus un crucifix et quelques images pieuses. Autrefois, quand ces gens étaient encore païens, des petites idoles et la tablette des ancêtres occupaient la place du crucifix et des images. Les matelas sur lesquels repose la famille sont roulés dans un coin. Quand le soir sera venu, chacun prendra le sien et s'enveloppera dedans pour dormir jusqu'au lendemain matin comme une marmotte. Tout le linge de la maison est pressé dans un coin. Non loin de la porte, sont trois barils qui servent à recevoir le riz, les pommes de terre et le reste. Auprès, sur une planche, sont deux chaudrons de différente grandeur : on les emploie pour la cuisson des aliments.

Maintenant que vous avez tout vu et examiné, renouvelons les prostrations que nous avons faites en entrant, mais cette fois pour remercier nos hôtes et, après un grand merci, retirons-nous.

Toutes les familles établies sur nos terres sont à notre charge (plus de soixante personnes). C'est-à-dire elles n'ont que ce que nous leur donnons. Nous tâchons d'occuper les hommes toute l'année et les femmes à l'été seulement. Mais quand on pense que des familles de huit personnes n'ont pour vivre que le salaire du père, 10 yen par mois (25 fr. 90) et qu'un sac de riz coûte 8 à 9 yen, et c'est à peine suffisant pour le mois, on comprend que l'aisance ne règne pas dans la maison et qu'à ces conditions ils ne mangent pas souvent du gâteau.

Nous leur fournissons le logement et nous y ajoutons toujours un lopin de terre : aussi grand qu'ils peuvent en cultiver. Mais, hélas ! les Japonais ne sont pas encore cultivateurs. La construction d'une maison comme celle que nous venons de visiter nous coûte 120 francs en moyenne. C'est bien cher, mais nous sommes au Japon. Ici la vie est chère plus que partout ailleurs en pays de missions. Aussi les missionnaires qui évangélisent ce pays déclarent qu'il leur est impossible de vivre avec les 650 francs de viatique que leur octroie la Société.

L'ORPHELINAT

Une autre œuvre, que les Trappistes ont créée et entretiennent à leurs frais, c'est l'orphelinat. Là, ils font vivre en moyenne vingt-cinq à trente enfants et leur font donner une éducation par un instituteur breveté du Gouvernement.

Quand ces orphelins sont devenus grands, ils choisissent un métier. Plusieurs ont embrassé la vie religieuse et sont aujourd'hui d'excellents Trappistes.

C'est bien à l'Orphelinat que se recrute le grand nombre des vocations.

Ceux qui n'ont que des aptitudes communes, on les met à la ferme et ils prennent rang parmi nos ouvriers et, comme eux, ils finissent par former ménage.

L'entretien de l'Orphelinat est de plus de quatre mille francs chaque année.

Voilà, mes bien-aimés, quelles sont les œuvres principales que les Trappistes entretiennent au Japon. Ajoutons à cela qu'on distribue gratis des médicaments à tous ceux qui en ont besoin : païens comme chrétiens. C'est-à-dire, on soigne toutes sortes de blessures, de maladies. C'est un moyen comme un autre de gagner des âmes au bon Dieu ! Malheureusement, les Japonais sont un peuple difficile à convertir ; nous ne pouvons guère convertir que les gens à qui nous donnons du travail et les enfants de l'Orphelinat. Mais, déjà pour combien d'âmes les Trappistes n'ont-ils pas été le moyen dont Dieu s'est servi pour opérer des conversions.

Pour le tout, que de dépenses, si on compte l'entretien de vingt-cinq religieux ! Et cependant que de privations !

Il n'y a encore guère que la moitié des terrains que nous avons achetés du Gouvernement qui sont défrichés. Ici, le commerce n'a pas beaucoup de débouchés et surtout, à cause de la guerre, les impôts sont très onéreux. Aussi, avons-nous besoin que la Providence suscite des âmes charitables pour nous venir en aide.

Adieu, mes bien-aimés. Tout à vous dans les Cœurs de Jésus et de Marie.

F.-M. IGNACE,

Trappiste.

SEPTIÈME LETTRE

Notre-Dame du Phare, le 7 Mars 1906.

Ma chère Eugénie,

ORSQUE tu me demandais, jadis, des détails sur les grands évènements qui se déroulaient alors dans l'Extrême-Orient, je ne pouvais répondre à tes désirs, mais je te promettais d'en dire quelques mots un jour.....

Maintenant que le calme s'est fait, que tout est rentré dans l'ordre, je me propose de t'en dire quelque chose. Je n'ai pas la prétention de t'instruire sur ce chapitre. Les journaux de France t'en auront appris plus que je n'en sais... Cependant le point de vue où je me place puisse-t-il vous intéresser... Sans autre préambule, j'aborde la question.

Depuis un certain temps déjà, les bruits de guerre circulaient. La première huitaine de chaque mois, les journaux japonais nous annonçaient que la guerre menaçait. Puis quand arrivait le 12, 13, 14, et 15ᵉ jour du mois, le bruit se ralentissait et finalement le silence se faisait. Aux premiers jours du mois de Février 1904, Mgr Berlioz, évêque d'Hakodaté, vint faire une visite à Notre-Dame du Phare. Il nous annonça que la guerre était imminente, que les Russes, sommés à plusieurs reprises par les Japonais d'évacuer la Mandchourie, trainaient les choses en longueur et que le peuple Japonais, plus encore que le Gouvernement, était à bout de patience et allait recourir aux armes. « M. le Ministre de France au Japon m'a fait savoir que s'il y a danger pour ses nationaux, il enverra un vaisseau dans le Nord de l'Empire pour recueillir ceux qui s'y trouvent et les réunir en lieu sûr. Je lui ai répondu, ajouta l'évêque, pour le remercier de ses offres, et en même temps pour lui faire connaître que moi, évêque d'Hakodaté, sous aucun prétexte, je n'abandonnerai mon troupeau et qu'au moment du danger, ma place est au milieu de mes ouailles. Si je dois mourir, c'est là, à mon poste, que je veux que la mort me trouve... » Paroles dignes d'un martyr, n'est-ce pas ?

Deux jours plus tard, 8 Février, des dépêches nous annoncèrent que le Japon venait de déclarer la guerre à la Russie et qu'à cette nouvelle un général Russe s'était écrié : « Avant le septième mois (Juillet), nous aurons envahi tout le Japon et nous aurons planté nos tentes dans la capitale, (Tokio) ». Ce malheureux allait bientôt apprendre à ses dépens que jamais il ne ferait d'entrée triomphale au Japon. Les jours suivants, les dépêches nous annoncèrent la prise de quelques navires russes et la destruction de quelques autres par les Japonais. A chaque nouvelle victoire que les armées impériales japonaises remportaient, le télégraphe en donnait aussitôt la nouvelle et le Japon tout entier illuminait et fêtait.

Dès le début de la guerre, le Gouvernement nous fit savoir que nous n'avions rien à craindre, qu'il nous prenait sous sa protection...

Deux de nos religieux Japonais furent appelés sous les armes. Le premier resta à Tokio, pour faire la patrouille et fabriquer des vêtements militaires ; il était tailleur de son métier. Il fit plus par sa vie édifiante, il convertit à notre sainte religion deux de ses camarades. Le second, jeune homme de vingt-un ans, fut recueilli par la mission dès son bas-âge et confié aux Trappistes lorsque ces derniers vinrent s'établir dans ce pays, il ne fut donc en contact qu'avec la vertu. Jeté brusquement dans un milieu corrompu, il dut nécessairement gémir sur son sort et l'accepter comme une épreuve. Il resta quelques mois à Aomori (trente lieues de chez nous) pour apprendre à manier le fusil. Son apprentissage fini, il fut envoyé sur le théâtre des événements et il participa aux plus sanglantes journées, aux derniers et grands combats. Il vit bien souvent ses compagnons décimés par le feu de l'ennemi et tomber morts à ses côtés. (Il était à l'avant-garde). Lui, il resta debout, protégé, sans doute, par saint Joseph, à qui nous l'avions consacré et confié et auquel nous demandions chaque jour de nous le ramener. Saint Joseph a mérité une fois de plus la confiance et l'amour de notre Communauté. Il a ramené sains et saufs nos deux militaires. Ils nous sont revenus, l'un en Novembre, l'autre en Décembre 1905, aussi bons, aussi pieux qu'ils étaient partis. Chaque jour les voit croître en vertus. Ils continuent à nous édifier par le spectacle de leur vie exemplaire. Puissent-ils persévérer jusqu'à la mort dans leur saint état !!!

Nous ne fournîmes pas des hommes seulement pour la guerre, mais le gouvernement nous prit cinq chevaux et il n'en paya que deux. Et aussi certains jours nous dûmes mettre à la disposition nos ouvriers, nos chevaux et nos charrettes pour transporter à une certaine distance les bagages et les vivres de la troupe.

En dehors de cela, nous fûmes assez tranquilles. A Hakodaté, il y eut une alerte assez vive. C'était au commencement de la guerre. Les Russes avaient incendié une bourgade dans le Midi de l'Empire. Soit qu'il y eût erreur dans la dépêche, soit qu'Elle ne fût pas comprise, toujours est-il qu'on crut la flotte russe aux portes d'Hakodaté disposée à incendier la ville. Cette nouvelle se propagea comme une trainée de poudre et ce fut bientôt une panique générale. Chacun chercha son salut dans la fuite. Le sous-gouverneur du Hokaïdo confia ses enfants à Monseigneur l'évêque d'Hakodaté... Quelques heures plus tard, il arriva une seconde dépêche qui remit ! choses à point et tout le monde reprit sens et rentra dans ses foyers...

Au-sitôt que les conditions de la paix furent connues à Tokio et dans les principales villes du Japon, les anarchistes manifestèrent leur mécontentement, comme en 1871 les Communards à Paris ; mais contrairement à ces derniers, les émeutiers du Japon ne massacrèrent ni prêtres, ni évêques, ni catholiques proprement dits, ils en voulaient uniquement à certains membres du Ministère. Ces bandits qu'on chiffre par dizaine de mille, se divisèrent, du moins dans la capitale, par groupes afin d'aller plus vite à la besogne. Dans la nuit du 5 au 6 Septembre, ils incendièrent presque tous les postes de police de Tokio. Le soir du 6 Septembre, une dizaine d'agents de police et quelques soldats furent envoyés à l'Archevêché avec ordre de le protéger, car le bruit courait que ce soir-là même les émeutiers devaient l'attaquer. Heureusement, il n'y eut rien. On eut seulement à déplorer l'incendie qui réduisit en cendres l'église, l'école et la résidence du missionnaire dans le quartier Honjo, situé sur la rive gauche du Susnidagawa. Dans le même quartier, deux temples protestants et la maison de l'Armée du Salut furent également la proie des flammes. A Asakusa trois temples protestants furent brûlés sans que l'église catholique fût inquiétée, ce qui prouve que les missionnaires catholiques sont admirés et respectés.

A Yokohama également, une cinquantaine d'agents de police s'installèrent à la mission catholique pour la protéger. Le 8 Septembre au matin, la nouvelle se répandit que l'Empereur, par un décret daté de minuit, proclamait l'état de siége pour la capitale et toute la banlieue : la police étant impuissante à maintenir l'ordre, c'était à l'armée que la garde de la ville était confiée. Comme les Communards furent écrasés par l'armée de Versailles en 1871, ainsi les révolutionnaires Japonais l'ont été par les troupes impériales. Peu à peu, le calme se fit et tout rentra dans l'ordre.

Sa Sainteté le Pape Pie X prenant en considération la protection que le Gouvernement du Mikado accorde aux missionnaires catholiques, délégua Mgr O'Connell, évêque de Portland, pour offrir à l'Empereur ses remerciements. Mgr O'Connell fut reçu en audience publique à la mi-Novembre et fut admis plusieurs fois en audience privée auprès du Mikado et de la famille impériale. Il s'est retiré enchanté de la réception qu'il a reçue et déclarant que d'après ce qu'il avait vu et entendu en audience il pensait que l'Eglise catholique au Japon en retirerait de grands avantages. De son côté, l'Empereur a été très touché de cette démarche du Souverain-Pontife. Puisse enfin sonner l'heure où cete terre du Japon qui a bu le sang de tant de milliers de martyrs, qui a été sanctifiée par saint François-Xavier et par ses successeurs devienne une terre chrétienne et catholique par ses habitants. Ah ! si le Japon se convertissait enfin, quel spectacle n'offrirait-il pas aux regards hébétés de l'Europe apostate !... Car je ne doute pas que si la plupart des catholiques Français étaient témoins de la ferveur de nos néophytes, ils rougiraient d'être si lâches dans l'accomplissement de leurs devoirs religieux. Ici, on ne rencontre pas parmi nos chrétiens d'esprits forts qui s'ingénient à contrecarrer leur curé. Nos chrétiens sont des gens dociles. Même les moins fervents récitent leur chapelet le long des chemins, soit qu'ils aillent au travail ou en reviennent, s'ils sont seuls, vous les rencontrerez égrenant leur rosaire. Ils sont pauvres, ils vivent pauvrement, manquent très souvent du nécessaire ; malgré cela, vous ne les verrez jamais tristes ou abattus. Un exemple en passant ; il n'est pas unique, mais il suffira pour montrer le caractère du Japonais. L'un de nos chrétiens s'était imaginé que s'il avait une vache, l'aisance entrerait facilement dans sa chaumière. Que fait-il ? On le devine. Il nous achète une vache pour cinquante-cinq piastres (2 fr. 59 la piastre) pour la payer il emprunte de l'argent à un ami. Quelque temps après, la vache lui donne un veau. Son bonheur était au comble. Pour soigner sa vache, il achète son, etc. Malheureusement, trois ou quatre semaines plus tard, la vache était à toute extrémité et, au bout de deux ou trois jours de maladie, elle crevait. Qu'avait-elle eu ? Très probablement la vache était morte de froid. Elle n'avait pour tout abri qu'un étroit espace mal fait donnant accès à tous les vents. Quoi qu'il en soit, le petit veau allait avoir le même sort que la mère, déjà, il n'avalait plus rien. Il vint nous proposer de le changer pour un plus grand, disant qu'il était trop petit pour lui. Pour lui rendre service, nous prîmes son veau et, au bout d'une semaine, il nous parut hors de danger : il avait meilleure mine. Nous le lui échangeâmes avec un autre beaucoup plus âgé et plus fort moyennant qu'il nous donnerait six piastres de retour. Il accepta. Du reste, il avait tout l'avantage dans ce marché. Il emmena le veau chez lui, il s'approvisionna chez les marchands de toutes les provisions dont son veau pouvait avoir besoin pour grandir et se développer. Malgré tout, le pauvre veau ne tarda pas à dépérir, il végéta pendant longtemps et finalement creva. Lorsque cet homme vint nous apprendre cette nouvelle perte, il laissa échapper un soupir de soulagement. De la vache et du veau, il ne retira que la peau qu'il vendit..... N'allez pas croire que des pertes semblables conduisent le Japonais au désespoir. Non, il vit au jour le jour sans aucun souci du lendemain. Demain, il n'aura peut-être pas un grain de riz à se mettre sous la dent. Que lui importe ! Il sera temps d'y penser quand le jour sera venu. A chaque jour suffit sa peine.

IMPRIMERIE ALENÇONNAISE, 11, Rue des Marcheries.

www.ingramcontent.com/pod-product-compliance
Lightning Source LLC
Chambersburg PA
CBHW061329060726
47596CB00003B/1153